GRAMMATICA

DEL DIALETTO BOLOGNESE

COMPILATA DA

CAROLINA CORONEDI BERTI

BOLOGNA
Stabilimento Tipografico di G. Monti
1874.

A CHI LEGGE

Se è lodevole e giusto che ogni paese abbia un vocabolario che tramandi il proprio idioma a chi verrà dopo di noi, altrettanto é necessario che abbia una grammatica che ne accenni le regole e la costruzione.

Il Pitrè ha di già messo mano alla grammatica siciliana, che riescirà, come tutti gli altri suoi lavori, eccellente per ogni verso.

Io ho fatto questa Bolognese, senza alcuna pretensione di far cosa bella, ma solo per darla sorella al mio vocabolario, e per corrispondere al desiderio di vari saggi amici. Ad essi dunque io la dedico persuasa che sapranno compatirmi e gradire il mio buon volere.

CAROLINA CORONEDI BERTI

INTRODUZIONE

Le lettere dell' alfabeto bolognese sono eguali nel numero a quelle dell' alfabeto italiano, ma variano nella pronunzia, dicendosi alla maniera fiorentina *a, bi, ci, di, e, effe, gi, acca, i, elle, emme, enne, o, pi, qu, erre, esse, ti, u, vi, zeta.* Le quali in bolognese si nominano, *a, bèi, zèi, dèi, e, èf, gèi, aca, i, èl, èm, èn, o, pèi, qu, èr, ès, tèi, u, vu, zeta.*

Cap. I.

DELL' ORTOGRAFIA NEL DIALETTO BOLOGNESE

Il dialetto bolognese avendo una pronunzia molto larga e piana, lascia luogo a suoni prolungati, quindi non fa sentire raddoppiamento di lettere che in pochi casi. Ed è perciò ch' io mi diedi cura di trovare un' ortografia che rendesse le voci alla semplicità che escono dalla bocca del volgo, lasciando che la si scostasse pure quanto occorresse dall' ortografia italiana, a contrario delle antecedenti, che la seguivano. Così invece p. e. di scrivere *burrasca,* secondo il suono fonico scrivo *burasca, dona* invece di *donna, dunzèla* piuttosto che *dunzèlla, fasèla* invece di *fasèlla, mzètta* invece di *mzzètta, fiama* e non *fiamma,* come s' era fatto fin quì.

Per sommo difetto oltre i molti segni, le passate ortografie avevano quello di tramutar spesso le vocali l' una per l' altra, come p. e. si scriveva *numer* invece di *nomer, nuvla* per *novla, nuvel* per *novel, punt* in luogo di *pont, zuventù* per *zuventò,* come chiaramente si pronuncia. E tutti questi scambi di lettere rendendo diversa la scrittura dal modo di pronunziarla, faceva sì che chiunque avesse tentato leggerla senza conoscerne le convenzioni, trovava inciampi e ad ogni parola commetteva errori. Non così è dell' ortografia che ho presentata nel mio vocabolario Bolognese-Italiano, nella quale si leggono le parole quali sono scritte o con poche differenze.

E per accertarmi che quest' ortografia corrispondesse allo scopo che mi ero prefisso, la posi ad esperimento con persone straniere, e intesi con grande mio contento pronunziare le paroli quali escono dalla bocca de' bolognesi.

Per quanta sia stata però la cura di spogliare l' ortografia passata da tutto ch' era di superfluo e di difficoltoso, non ho potuto bandirne del tutto gli accenti, che aiutano in qualche guisa a dare quella gradazione di suono che non troviamo nella semplice vocale.

Cap. II.

DEGLI ACCENTI

Gli accenti in bol. possiam dire sono tre come in francese, cioè accento grave (`) acuto (´) circonflesso (^).

L'accento grave rende un suono che stà di mezzo a quello dell'accento acuto ed a quello dell'accento circonflesso, e lo fa meno prolungato di questo e meno aperto, come nelle parole *medich*, *bein*, *cadèina*, *cufidèinza*, *fòlla*, *fòlga*, *flòss*, ecc. Ital. medico, bene, catena, confidenza, folla, folega, flusso.

L'accento acuto da un suono chiuso e ristretto come nelle parole *bóf*, buffo, *zóf*, ceffo, *óss*, uscio, *pógn*, pugno, *falébil*, fallibile, *féin*, fino, fine.

L'accento circonflesso dona alla vocale un suono largo e prolungato, come: *mlôn*, mellone, poppone. *trôn*, tuono, *capôn*, cappone, *côntra*, contro, *cônt*, conto conte, *mônt*, monte e simili.

Cap. III.

OSSERVAZIONI INTORNO LE VOCALI

La A segue l'italiano in tutti i suoni, quindi non prende accento che in fine di parola.

La E si tralascia in fine delle parole a cagione del troncamento usato in molti dialetti, come *pan*, pane, *can*, cane, *fióur*, fiore, *sgnóur*, signore, ecc.

La E soffre la gradazione di tutti e tre gli accenti, diventando, larga, aperta, stretta, e priva d'accento è soggetta a tutte le modulazioni come in italiano.

La E accompagnata ad I forma un dittongo come in *pznein*, *vsein*, *pzulein*, piccino, vicino, pezzettino. E la pronunzia di questo dittongo vien modulata dall'accento apposto alla *e*, che le allarga il suono per modo da avvicinarlo a quello dell'*a*, come ne' diversi tempi de' verbi terminanti in *ar*.

L'I non si accenta che per indicare il plurale, p. e., *pì*, piedi, *cavì*, capelli, *turtì*, tortelli, *usì*, uccelli, ecc.

L'O coll'accento circonflesso davanti a N, diventa nasale, lo stesso che in francese, come in *bôn*, buono, *sermôn*, sermone, *viulôn*, violone, ecc.

L'O segnato dell'accento circonflesso prende un suono assai largo, e unito all'*u* forma un dittongo, p. e. *ôura*, ora, *miôur*, migliore, *culôur*, colore, *sudôur*, sudore, ecc.

L'U porta l'accento in fine di parola, e non soffre variazione alcuna.

Cap. IV.

DELLE CONSONANTI

Regole Generali

Il B non cambia pronunzia in nessun caso.

Il G si cambia in *z* quando in italiano fa sillaba con la *e* e con l'*i*, come *zil*, cielo, *zira*, cera, *zrisa*, ciliega, *falzôn*, falcione, *cunzeder*, concedere, *anzinèl*, uncinello, *zirc'*, cerchio, *zerval*, cervello, *canzlir*, cancelliere, ecc.

E si cambia pure in *z*, nelle parole comincianti per *ge* e *gi*, come *zel*, gelo, *zizla*, giuggiola, *zoia*, gioia, *zazer*, giacere, *zugar*, giocare, *zugh*, gioco, *zonta*, giunta, *zanètta*, gianetta, *zobia*, giovedì, ecc.

Il C diventa *z* nelle parole, in cui è raddoppiato in italiano, p. e. *faza*, faccia, *laz*, laccio, *straz*, straccio, *impaz*, impaccio, *umaz*, omaccio, ecc.

Il C si tramuta in *s* quando fa sillaba in italiano con *o*, *i*, *a*, come *camisa*, camicia, *bus*, busa, buco, buca, *bas*, bacio, *brusar*, bruciare, *pas*, pace, ecc.

E si cambia in *g*, nelle stesse sillabe italiane, come per maggiore dolcezza, dicendosi *amigh*, amico, *fadiga*, fatica, *fadigar*, faticare, *figh*, fico, ecc.

Il C coll' apostrofo in principio di parola mantiene il suono naturale anche davanti ad altra consonante, come ad esempio *c' prars*, disperarsi, *c' puiars*, spogliarsi, *c' pèt*, dispetto.

E così anche conserva il proprio suono quando è apostrofato in fine di parola, p. e. *coc'*, urto, *bac'*, coratella, *impec'*, impiccio, *vèc'*, vecchio, ecc.

Il D e l' I non cambiano suono.

Il G seguìto da *l* in italiano, quando dinota il femminile *glia* si converte in *ia*, dicendosi *foia*, foglia, *voia*, voglia, *tvaia*, tovaglia, *vèia*, veglia, *canaia*, canaglia, ecc.

Però in qualche voce mantiene il suono italiano p. e. *bataglia*, battaglia, *quadreglia*, quadriglia, *pulteglia*, poltiglia, ecc.

La desinenza italiana maschile *glio*, invece di prendere *io*, secondo il femminile traspone l' *i* e fa *ai*, *oi*, p. e. *vintai*, ventaglio, *sunai*, sonaglio, *barbai*, barbaglio, *spirai*, spiraglio, *imbroi*, imbroglio, *foi*, foglio, *argoi*, orgoglio, ecc.

E il *g*, rade volte alla stessa desinenza italiana, esce in *oli*, come *cunvoli*, convoglio, *scoli* o *scoi*, scoglio.

Il *g* si cangia in *s* quasi costantemente dove in italiano sia seguìto dall' *i*, p. e. *fasan*, fagiano, *fasol*, fagiolo, *gris*, grigio, *rasón*, ragione, *rasunar*, ragionare, ecc.

E si muta in *z*, quando in italiano è seguìto dall' *i*, *e*, p. e. *inzègn*, ingegno, *cunzègn*, congegno, *aluzar*, alloggiare, *raz*, raggio, *spiaza*, spiaggia, *loza*, loggia, ecc.

E finalmente il *g* segnato dall' apostrofo non cangia il suono proprio; tanto in principio di parola, che davanti ad altra consonante, e in fine della parola, come ho detto del *C*, come *g' nar*, *g' dars*, ecc., desinare, svegliarsi.

La H non varia dall' uso italiano, e secondo la nuova ortografia, che ha per fine di rendere netto il suono delle voci, la pongono dopo il *c*, e il *g* finale, nelle parole che all' italiano terminano in *co* e *go*, p. e. *fugh*, fuoco, *lugh*, luogo, *zugh*, gioco, *poch*, poco, *siroch*, sirocco, *gnoch*, gnocco, ecc.

La *h*, si trova posta, nelle antiche ortografie bolognesi, davanti al verbo Avere, p. e. si scriveva *me haveva*, ecc., seguendo per tal modo il latino.

Le altre consonanti non soffrono cambiamenti.

Cap. V.

DELLA PRONUNZIA

I Bolognesi non pronunziano mai l' ultima vocale dell' infinito de' verbi, ma li troncano sull' ultima consonante, dicendo: *passar*, passare, *truvar*, trovare, *andar*, andare, *magnar*, mangiare, *durmir*, dormire, *seder*, sedere, ecc. In contrario dei Romagnoli, i quali, fanno terminare i verbi in vocale, contraendo la parola: p. e. dicono *magnè*, mangiare, *sdè*, sedere, *fè*, fare, ecc.

Il volgo e la campagna cambia per lo più l' *e* in *a* in mezzo alle parole, dicendo: *opara*, opera, *vivar*, vivere, *medar*, mietere, *cavariol*, capriolo, ecc.

E tramuta anche il *per* in *par*, come *parmèss*, permesso, *par d' là*, per di là, *parfidiar*, perfidiare, *imparfèt*, imperfetto, ecc., mentre i civili pronunziano *permèss*, *per d' la*, *perfidiar*, *imperfèt*.

L' *o* che in italiano fa sillaba in principio di parola, si muta in *u* quasi sempre come in *turmèint*, tormento, *cuntèint*, contento, *mumèint*, momento *murir*, morire, *nuvèmber*, novembre, *puvrèt*, poveretto, *mustrar*, mostrare, ecc.

Trasposizioni di sillabe se ne ha in gran copia. *Ra, ri,* in principio di parola quasi sempre tramutato in *ar: Arvèder,* rivedere, *arvultar,* rivoltare, *ardupiar,* raddoppiare, *arzonzer,* raggiungere, ecc.

La R della trasposizione *ar,* si cangia qualche volta in *s* come, *aslintar,* rallentare, *aslargar,* rallargare, *aslungar,* rallungare, ecc.

Le altre consonanti non soffrono cambmeto.

Cap. VI.

DEL NOME

Declinazione Maschile

Sing.	Plur.	Sing.	Plur.
BAMBINO	**BAMBINI**	**LETTO**	**LETTI**
Nom. *tusèt*	Nom. *tuset*	Nom. *lèt*	Nom. *lèt*
Gen. *dèl tusèt*	Gen. *di tuset*	Gen. *dèl lèt*	Gen. *di lèt*
Dat. *al tusèt*	Dat. *ai tuset*	Dat. *al lèt*	Dat. *ai lèt*
Acc. *tusèt*	Acc. *tuset*	Acc. *lèt*	Acc. *lèt*
Voc. *o tusèt*	Voc. *o tuset*		
Abl. *dal tusèt*	Abl. *dai tuset*	Abl. *dal lèt*	Abl. *dai lèt*

1.° Da questa declinazione si vede sempre l' articolo incorporato al segnacaso.

2.° Che i nomi maschili terminati in *t,* tengono al plurale la stessa terminazione del singolare, e solo alcuni lasciano l' accento del singolare restringendo al plurale la vocale ultima, come accade in tutti i diminutivi della stessa terminazione. E che il plurale è formato dal articolo. In altre desinenze a formare il plurale vi concorre anche il nome, p. e. piede, piedi, *pè, pì,* pelo, peli, *pèil, pil,* lenzuolo. lenzuoli, *linzol, linzù,* fagiolo, fagioli, *fasol, fasù,* ecc.

Però i nomi maschili che mantengono al plurale la stessa desinenza del singolare sono di numero assai maggiore degli altri.

Declinazione Femminile

Sing.	Plur.	Sing.	Plur.
TAVOLA	**TAVOLE**	**CAGNA**	**CAGNE**
Nom. *tavla*	Nom. *tavel*	Nom. *cagna*	Nom. *cagn*
Gen. *dla tavla*	Gen. *del tavel*	Gen. *dla cagna*	Gen. *del cagn o cagni*
Dat. *alla tavla*	Dat. *ol tavel*	Dat. *alla cagna*	Dat. *al cagn*
Acc. *tavla*	Acc. *tavel*	Acc. *cagna*	Acc. *cagn*
Abl. *dàlla tavla*	Abl. *dal tavel*	Abl. *dalla cagna*	Abl. *dal cagn o cagna*

Questa declinazione, ci mostra che i nomi femminili al singolare terminano in vocale, al plurale in consonante, lasciando l' ultima vocale del singolare, e pochi sono quelli che si allontanano da questa regola.

I nomi femminili che finiscono in ital. in *la,* al plurale bol. terminano in *el,* come *scatla,* scatola, *scatel, fravla,* fragola, *fravel, mandla,* mandorla, *mandel, lodla,* allodola, *lodel,* ecc.

I nomi femminili che finiscono in *tra* al singolare, escono in *er* al plurale, come *fnastra, fnaster*, finestra, finestre, *pulastra, pulaster*, pollastra, pollastre, *piastra, piaster*, piastra, piaster, *balastra, balaster*, balestra, balestre, ecc.

Pochi nomi tengono ferma la desinenza in tutti due i numeri, p. e. *man*, mano, *nav*, nave, *nèiv*, neve, e pochi altri. E in questi il plurale è tutto affidato all'articolo.

Cap. VII.

DE' COMPARATIVI

I nomi comparativi si formano in tutte le sue gradazioni colle stesse particelle italiane, tramutate in *tant, quant, tal e qual*, tanto, quanto, tal quale, *acsè*, così, *cm' è*, come, *manch*, meno di, meno che, *piò*, più di, *piò che*, più che.

Ste fil l' è longh, em' è quèl là — Questo filo è lungo come quello.

St' capèl l' è tal e quèl d' qulater — Questo cappello è tal quale all'altro.

La mi bisaca l' è granda quant' è la vostra — La mia saccoccia è grande quanto la vostra.

Pirein l' è manch grass d' so fradèl — Pierino è meno grasso di suo fratello.

Al mi nas l' è piò longh dèl voster — Il mio naso è più lungo che il vostro.

Il superlativo che si forma in italiano facendo terminare il positivo in issimo, e issima, in bol. termina in *essom*, e *essima*. Bellissimo, *belessom*, grandissima, *grandessima*.

Cap. VIII.

DEGLI ACCRESCITIVI, DIMINUTIVI, PEGGIORATIVI E VEZZEGGIATIVI

I nomi accrescitivi che in italiano terminano in *one*, in bol. finiscono in *ón* come *caplón*, cappellone, *nasón*, nasone, *fenstrón*, finestrone, *balón*, pallone, ecc.

I diminutivi che in ital. escono in *atto, ello, ella, etto, etta, uccio, uolo, uola*, in bol. terminano in *èt, ètta, oz, ozza, ola*, p. e. *cagnèt*, cagnetto, *caploz*, cappelluccio, *dunizola*, donnicciuola, *tavlètta*, tavoletta, ecc.

I peggiorativi che terminano in ital. in, *accio, accia*, il bol. li muta in *az*, e *azza. Umaz*, omaccio, *dunazza*, donnaccia, ecc.

Quelli che in ital. hanno la terminazione in aglia, in bol. si muta in *aia*, come *zintaia*, gentaglia, *ciurmaia*, ciurmaglia, *plebaia*, plebaglia, ecc.

I vezzeggiativi invece di uscire in *ino* ed *ina*, come in ital., al bol. terminano in *ein, eina, fandsein*, fanciullino, *dunеina*, donnina, ecc.

Cap. IX.

DE' NOMI PERSONALI

I nomi personali, Io, Tu, e Se, si traducono in bol. in *a, ai, o me, te,* e *se,* e si declinano così:

ME — (io)

Sing.	*Plur.*
Nom. *a, ai, me*	Nom. *nò, o nò ater, o nò alter*
Gen. *d' me*	Gen. *d' nò*
Dat. *a me, o am, m'*	Dat. *a nò, o as, o es, o s'*
Acc. *me*	Acc. *nò*
Abl. *da me*	Abl. *da nò*

Come si vede al dativo singolare, il bol. ha le particelle *am*, o *m'*, che valgono a me.

Al dativo plurale ha la particella *as*, o *es*, o *s'* che vale a noi.

Al sgner Pirein am dess — Il signor Pierino mi disse, cioè disse a me.

Mi fradèl m' ha det — Mio fratello m' ha detto, ha detto a me.

I nuster cumpagn s' vesten per la strà — I nostri compagni ci videro per istrada, cioè videro noi.

Quèsta l' è roba ch' s' vein da luntan — Questa è roba che ci vien da lontano.

TE — (tu)

Sing.	*Plur.*
Nom. *te*	Nom. *vò, o vò ater, o vò alter*
Gen. *d' te*	Gen. *d' vò ater, o d' vò alter*
Dat. *a te, o at*	Dat. *a vò ater, o av, v'*
Acc. *te, o at*	Acc. *vò, o av*
Voc. *o te*	Voc. *o vò ater*
Abl. *da te*	Abl. *da vò ater*

At degh d' stagh fèirom — Ti dico stia fermo.

T' par ch' la vada bèin? — Ti pare vada bene?

Av prumèt d' andari — Vi prometto d' andarvi.

Cussa diressi s' av gess ch' ai ho veint al lot? — Cosa direste se vi dicessi ch' ho vinto al lotto?

SÈ — (sè)

Gen. *d' sè*
Dat. *a sè, o al s'*
Acc. *sè, o s'*
Abl. *da sè*

Al s' vest vgnir dinanz — Si vide venir davanti; davanti a sè.

L' è un brav om, mo al s' crèd d' èsser più d' quèl ch' l' è — Egli è un bravo uomo, ma si crede più di quello ch' egli è. Qui *l' s'* è accusativo.

Tutte queste particelle pronominali, le quali in italiano si pongono prima o dopo, quando sono unite ad un verbo di modo finito, in dialetto non sono mai posposte, e si dirà *am cunfèss*, mi confesso, e non confessomi, *at degh*, ti dico, e non dicoti, ma si uniscono a' gerundi, come in italiano, p. e. *giandom, ciumandom*, dicendomi, chiamandomi, ecc.

I gerundi e gli infiniti, che per certa eleganza si fanno precedere in italiano dalle particelle negative, come, non mi parendo, ecc., in bol. ancora si usano.

Av pregh en s' inganar — Vi prego non c' ingannare.

Cap. X.

DELL' ARTICOLO

Tre sono gli articoli che si usano in bolognese, come in italiano, *al*, il, *l'*, lo e *la*.

Al si pone avanti a tutti i nomi maschili comincianti per qualunque consonante. *La* si pone davanti a tutti i nomi femminili, e *l'* apostrofato sta davanti a' nomi maschili e femminili comincianti per vocale come in ital.

Declinazione Maschile

Sing.	*Plur.*
PADRE	**PADRI**
Nom. *al pader*	Nom. *i pader*
Gen. *dèl pader*	Gen. *di pader*
Dat. *al pader*	Dat. *ai pader*
Acc. *al pader*	Acc. *i pader*
Abl. *dal pader*	Abl. *dai pader*
AMICO	**AMICI**
Nom. *l' amigh*	Nom. *i amigh*
Gen. *dll' amigh*	Gen. *d' i amigh*
Dat. *all' amigh*	Dat. *ai amigh*
Acc. *l' amigh*	Acc. *i amigh*
Abl. *dall' amigh*	Abl. *dai amigh*

Declinazione Femminile

FIGLIA	**FIGLIE**
Nom. *la fiola*	Nom. *el fioli*
Gen. *dla fiola*	Gen. *del fioli*
Dat. *alla fiola*	Dat. *al fioli*
Acc. *la fiola*	Acc. *el fioli*
Abl. *dalla fiola*	Abl. *dal fioli*

Cap. XI.

DELLE PARTICELLE *UNO* ED *UNA*

Le particelle *Uno* ed *Una,* che servono ad esprimere i nomi indeterminatamente si traducono in bol. in *on,* e *onna.*

On m' ha det — Uno mi ha detto.

Am n' è tucà on — Me n' è toccato uno.

Se on em gess — Se uno mi dicesse.

A vò av in tòca onna e a me dóu — A voi ve ne tocca una ed a me due.

Ai è cascà zò del pred e onna i è andà in tèsta — Son cadute delle pietre ed una gli è toccata sulla testa.

Però quantunque queste due voci siano regolari per esprimere l' unità, allorchè servono ad accompagnare un nome, forse per vezzo di suono, si cambia l' *o* in *u,* e si dice *una dona, una tèsta, una man* — Una donna, una testa, una mano. *Un liber, un caval, un capèl,* ecc. Un libro, un cavallo, un cappello, ecc.

Cap. XII.

DE' PRONÓMI SUSTANTIVI

I pronomi sostantivi sono sedici in italiano, de' quali il dialetto ne tralascia alcuni, servendosi solo di questi: *Lo,* egli, *quèst què,* questi, *quèl,* quegli, *cstò,* costui, *clò,*

colui, *alter*, o *ater*, altro, altrui, *ognon*, ognuno, *chisvoia*, chicchessia, *chionqu*, chiunque, *qualchdon*, qualcheduno, *ziò*, ciò.

Il pronome *Lo*, Egli, si declina così:

Sing.	*Plur.*

Nom. *lo*, o *l'* — egli o ei	Nom. *lóur* — Eglino
Gen. *d' lo* — di lui	Gen. *d' lóur* — di loro
Dat. *a lo*, o *ai*, — a lui o gli	Dat. *a lóur* — a loro
Acc. *lo*, o *al* — lui o gli	Acc. *lóur*, o *i* — loro, gli, li
Abl. *da lo* — da lui	Abl. *da lóur* — da loro

Il pronome femminile *Ella*, si traduce in *Lì*, e così si declina:

Sing.	*Plur.*

Nom. *lì* — ella	Nom. *lóur* — elle, elleno
Gen. *d' lì* — di lei	Gen. *d' lóur* — di loro
Dat. *a lì*, o *la* — a lei o le	Dat. *a lóur* — a loro
Acc. *lì* — lei o le	Acc. *lóur*, o *el* — loro o le
Abl. *da lì* — da lei	Abl. *da lóur* — 'da loro

Cap. XIII.

DE' PRONOMI AGGETTIVI

I pronomi aggettivi si tramutano così: *mi*, mio, *to*, tuo, *so*, suo, *noster*, nostro,
voster, vostro, *quèst*, questo, *quèl*, quello, *istèss*, stesso, *aller*, altro, *tot*, tutto, *ognon*,
ognuno, *zerton*, certuno, *ciascon*, ciascuno, *ziaschedon*, ciascheduno, *qualcon*, qualcuno, *qualonqu*, qualunque, *endson*, nessuno, *tant*, tanto, *quant*, quanto, *alteriant*,
altrettanto, *tal*, tale, *qual*, quale, ecc. E si adoperano come in italiano.

Cap. XIV.

DE' PRONOMI RELATIVI.

I pronomi relativi, *qua'e, che, chi, cui*, si pronunziano, *qual, che, chi, cui*, ma
l' ultimo di questi non è usato in bol.

Le particelle *ne, ci, vi*, considerate come pronomi, in bol. si cambiano in questo
modo: *in*, ne, *as*, ci, *v, i*, vi, p. e.

Cuss' in sat te? — Che ne sai tu?

Me ai ho fat dèl bèin e an in ho avò che dèl mal — Io gli ho fatto del bene
e non ne ho avuto che del male.

As in truvarèin cunteint — Ce ne troveremo contenti.

As incuntron cun Pavlein ch' s' tuleva d' in campagna — Ci siamo incon-
trati con Paolino, che veniva dalla campagna.

Sèinza pinsarv o pinsari — Senza pensarvi.

An poss guardarv — Non posso guardarvi.

Cap. XV.

DE' VERBI

Quattro sono in dialetto le coniugazioni de' verbi. La prima finisce in *ar*, come
andar, andare, *far*, fare, *ciamar*, chiamare, ecc. E comprende tutti i verbi italiani
che terminano in *are*

La seconda termina in *ir*, ed abbraccia tutti i verbi italiani che finiscono in *ire*, come *finir*, finire, *durmir*, dormire, *svanir*, svanire, ecc.

La terza termina in *er* , corrispondente all' italiana in *re*, come *seder*, sedere, *vèder*, vedere, *spènder*, spendere, ecc.

La quarta finisce in *èir*, la quale terminazione corrisponde all' *oir* della terza coniugazione francese, e comprende tutti i verbi francesi di quella coniugazione, come:

bol.	franc.	bol.	franc.
Savèir	Savoir	*Decadèir*	Déchoir
Valèir	Valoir	*Avèir*	Avoir
Vlèir	Vouloir	*Dvèir*	Devoir
Psèir	Pouvoir	*Vdèir, o vèder*	Voir
Riavèir	Ravoir	*Prevalèir*	Prevaloir
Cadèir	Choir	*Sdèir, o seder*	S' asseoir
Equivalèir	Equivaloir	*Bèir*	Boir

I verbi *sdèir, bèir, vdèir*, sono restati quasi del tutto alla sola campagna; in città si sono cambiati italianamente in *seder, bèver, vèder*. Il verbo *vdèir*, dà anche un' altra voce, *Vèider*.

Questa corrispondenza all' infinito de' verbi bolognesi co' francesi di questa coniugazione non manca d' eccezioni, come avviene in ogni regola generale, e così vedremo in bol. *tasèir, parèir*, in francese *tair, paraitre*.

Ma senz' essere un' eccezione non potrebbero questi verbi francesi , a similit. di qualcuno de' nostri, aver subìto qualche modificazione ?

E non è solo ne' verbi che l' *èi* bol. abbia corrispondenza all' *oi* francese, ma ancora si fa sentire ne' nomi, p. e.

bol.	franc.	bol.	franc.
Pèir	Poir	*Trèi*	Trois
Sèid	Soif	*Vèil*	Voile
Sèida	Soiae	*Tèila*	Toile
Nèigher	Noir	*Pèil*	Poil
Mèis	Mois	*Pèis*	Poids
Burghèis	Bourgeoi	*Arnèis*	Harnois
Arvèia	Pois	*Genuvèis*	Genois

CONIUGAZIÒN DÈL VERB **AVÈIR** — CONIUGAZIONE DEL VERBO **AVERE**

Indicativ — (INDICATIVO)

presèint — (PRESENTE)

Sing.		Plur.	
ai ho	io ho	*nò avèin*	noi abbiamo
t' ha	tu hai	*vò atr' avì*	voi avete
l' ha	colui ha	*lóur han, o i han*	coloro hanno

Imperfèt — (IMPEFETTO)

me aveva	io aveva	*nò aveven*	noi avevamo
t' avev	tu avevi	*vò ater avevi*	voi avevate
l' aveva	colui aveva	*lóur aveven, o i aveven*	coloro avevano

(*b

Passà remot — (PASSATO REMOTO)

Sing.		Plur.	
me avè	io ebbi	nò avèn	noi avemmo
t' avess	tu avesti	vò atr' avessi	voi aveste
l' avè	colui ebbe	i avèn, o lóur avèn	coloro ebbero

Passà prossum — (PASSATO PROSSIMO)

ai ho avò	io ho avuto	nò avèin avò	noi abbiamo avuto
t' ha avò	tu hai avuto	vò atr' avì avò	voi avete
l' ha avò	colui ha avuto	i han avò o lóur han avò	coloro hanno avuto

Passà remot cumpost — (PASSATO REMOTO COMPOSTO)

avè avò	io ebbi avuto	nò aven avò	noi avemmo avuto
t' avess avò	tu avesti avuto	vò atr' avessi avò	voi aveste avuto
l' avè avò	colui ebbe avuto	i aven avò	coloro ebbero avuto

Trapassà — (TRAPASSATO)

me aveva avò	io aveva avuto	nò aveven avò	noi avevamo avuto
tè t' avev avò	tu avevi avuto	vò atr' avevi avò	voi avevate avuto
lo aveva avò	colui aveva avuto	lóur aveven avò	coloro avevano avuto

Futur — (FUTURO)

arò	Io avrò	nò arèin	noi avremo
t' arà	tu avrai	vò atr' arì	voi avrete
l' arà	colui avrà	lóur aran	coloro avranno

Futur perfèt — (FUTURO PERFETTO)

arò avò	io avrò avuto	nò arèin avò	noi avremo avuto
t' arà avò	tu avrai avuto	vò atr' arì avò	voi avrete avuto
l' arà avò	colui avrà avuto	i aran avò	coloro avranno avuto

Imperativ — (IMPERATIVO)

Presèint — (PRESENTE)

avet te	abbi tu	avèin nò	abbiamo noi
ch' l' ava lo	abbia colui	avà vò ater	abbiate voi
		ch' i aven lóur	abbiano coloro

Futur — (FUTURO)

t' arà	avrai tu	arèin no	avremo avuto
l' arà	avrà colui	arì vo	avrete voi
		i aran lóur	avranno coloro

Cundizional — (CONDIZIONALE)

Presèint — (PRESENTE)

	Sing.		Plur.
me arè	io avrei	*nò aren*	noi avremmo
te t' aress	tu avresti	*vò atr' aressi*	voi avreste
lo arè	colui avrebbe	*lóur aren*	coloro avrebbero

Passà — (PASSATO)

me arè avò	io avrei avuto	*nò aren avò*	noi avremmo avuto
te t' ares avò	tu avresti avuto	*vò ater aressi avò*	voi avreste avuto
lo arè avò	colui avrebbe avuto	*lóur aren avò*	coloro avrebbero avuto

Utativ — (OTTATIVO)

Presèint — (PRESENTE)

ch' me avess	ch' io avessi	*ch' nò avessen*	che noi avessimo
ch' t' avess	che tu avessi	*ch' vò atr' avessi*	che voi aveste
ch' l' avess	che colui avesse	*ch' lóur avessen*	che coloro avessero

Passà — (PASSATO)

ch' me ava avò	ch' io abbia avuto	*ch' nò avamen avò*	che noi abbiamo avuto
ch' te t' av avò	tu abbi avuto	*ch' vò atr' avèdi avò*	che voi abbiate avuto
ch' lo ava avò	colui abbia avuto	*ch' lóur aven avò*	che coloro abbiano avuto

Trapassà — (TRAPASSATO)

ch' me avess avò	ch' io avessi avuto	*ch' nò avessn avò*	che noi avessimo avuto
ch' t' avess avò	che tu avessi avuto	*ch' vò atr' avessi avò*	che voi aveste avuto
ch' l' avess avò	che colui avesse avuto	*ch' lóur avéssn avò*	che coloro avessero avuto

Cungiuntiv — (CONGIUNTIVO)

Presèint — (PRESENTE)

ch' me ava	ch' io abbia	*ch' nò avamen*	che noi abbiamo
ch' t' av	che tu abbia	*ch' vò atr' avèdi*	voi abbiate
ch' l' ava	che colui abbia	*ch' lóur aven, o ch' i aven*	coloro abbiano

Imperfèt — (IMPERFETTO)

ch' avess	ch' io avessi	*ch' nò avessen*	che noi avessimo
ch' t' avess	tu avessi	*ch' vò atr' avessi*	voi aveste
ch' l' avess	colui avesse	*ch' lóur avessen*	coloro avessero

Infinit — (INFINITO)

Presèint — presente *Avèir* — avere
Passà — passato *Avèir avò* — avere avuto
Futur — futuro *Èssr' pr 'avèir* — essere per avere
Partizepi passà — Participio passato *Avò* — avuto
Gerondi presèint — Gerundio presente *Avènd* — avendo
Gerondi passà — Gerundio passato *Avènd avò* — avendo avuto

CONIUGAZIÒN DÈL VERB **ÊSSER** — CONIUG. DEL VERBO **ESSERE**

Indicativ — (INDICATIVO)

Presèint — (PRESENTE)

Sing.		Plur.	
A sòn	io sono	*a sèin*	noi siamo
t' i	tu sei	*a sí*	voi siete
l' è	colui è	*i ein*	coloro sono

Imperfèt — (IMPERFETTO)

Ai era	io era	*ai eren*	noi eravamo
t' er	tu eri	*ai eri*	voi eravate
l' era	colui era	*i eren*	coloro erano

Passà remot — (PASSATO REMOTO)

a fo	io fui	*a fon*	noi fummo
i' foss	tu fosti	*a fossi*	voi foste
al fo	colui fu	*i fon*	coloro furono

Passà prossum — (PASSATO PROSSIMO)

a sòn sta	io sono stato	*a sèin sta*	noi siamo stati
t' i sta	tu sei stato	*a sí sta*	voi siete stati
l' è sta	colui è stato	*i ein sta*	coloro sono stati

Passà remot cumpost — (PASSATO REMOTO COMPOSTO)

a fo sta	io fui stato	*a fon sta*	noi fummo stati
t' foss sta	tu fosti stato	*a fossi sta*	voi foste stati
l' fo sta	colui fu stato	*i fon sta*	coloro furono stati

Trapassà — (TRAPASSATO)

ai era sta	io era stato	*ai eren sta*	noi eravamo stati
t' er sta	tu eri stato	*ai eri sta*	voi eravate stati
l' era sta	colui era stato	*i eren stà*	coloro erano stati

Futur imperfèt — (FUTURO IMPERFETTO)

a srò	io sarò	*a srèin*	noi saremo
t' sra	tu sarai	*a srì*	voi sarete
al sra	colui sarà	*i sran*	coloro saranno

Imperativ — (IMPERATIVO)

Presèint (PRESENTE)

sepet te	sii tu	*sèin nò*	siamo noi
ch' al sia lo	sia colui	*sià vò ater*	siate voi
		ch' i sien lôur	siano coloro

Futur — (FUTURO)

Sing.   Plur.

t' srà	sarai tu	a srèin nò	saremo noi
al srà	sarà colui	a srì vò ater	sarete voi
		i sran lóur	saranno coloro

Cundizional — (CONDIZIONALE)

presèint — (PRESENTE)

me a srev	io sarei	nò a sren	noi saremmo
te t' sress	tu saresti	vò atr' a sressi	voi sareste
lo 'l srev	colui sarebbe	lóur sren o sreven	coloro sarebbero

Utativ — (OTTATIVO)

presèint — (PRESENTE)

ch' me foss	ch' io fossi	ch' nò a fossen	che noi fossimo
ch' te t' foss	che tu fossi	ch' vò atr' a fossi	che voi foste
ch' lo foss	che colui fosse	ch' lóur fossen	che coloro fossero

Passà — (PASSATO)

ch' me a seppa, o a sia sta	ch' io sia	ch' nò a siamen sta	che noi siamo
ch' tè t' sep, o t' sii sta	che tu sia	ch' vò atr' a sièdi sta	che voi siate
ch' lo seppa, o sia sta	che colui sia	ch' lóur seppen sta	che coloro siano

stato   stati

Trapassà — (TRAPASSATO)

cha foss sta	ch' io fossi stato	ch' nò a fossen sta	che noi fossimo stati
t' foss sta	che tu fosti stato	ch' vò atr' a fossi sta	che voi foste stati
ch' al foss sta	che colui fosse stato	ch' lóur fossen sta	che coloro fossero stati

Infinit — (INFINITO)

Presèint Ésser — Essere
Passà Ésser sta — Essere stato
Partizepi passà Sta — Stato
Gerondi presèint Essènd — Essendo
Gèrondi passà Essènd sta — Essendo stato

CONIUGAZIÒN IN **AR** — CONIUGAZIONE IN **AR**

CANTAR — (cantare)

Indicativ — (INDICATIVO)

presèint — (PRESENTE)

Sing.		Plur.	
a cant	io canto	*a cantèin*	noi cantiamo
t' cant	tu canti	*a cantà*	voi cantate
al canta	colui canta	*i canten*	coloro cantano

Imperfèt — (IMPERFETTO)

a cantava	io cantava	*a cantaven*	noi cantavamo
t' cantav	tu cantavi	*a cantavi*	voi cantavate
al cantava	colui cantava	*i cantaven*	coloro cantavano

Passà remot — (PASSATO REMOTO)

a cantò	io cantai	*a canton*	noi cantammo
t' cantass	tu cantasti	*a cantassi*	voi cantaste
al cantò	colui cantò	*i canton*	coloro cantarono

Passà prossum — (PASSATO PROSSIMO)

ai ho cantà	io ho cantato	*nò avèin cantà*	noi abbiamo cantato
t' ha cantà	tu hai cantato	*vò atr' avì cantà*	voi avete cantato
l' ha cantà	colui ha cantato	*lóur han cantà*	coloro hanno cantato

Passà remot compost — (PASSATO REMOTO COMPOSTO)

me avè cantà	io ebbi cantato	*nò aven cantà*	noi avemmo cantato
te t' avess cantà	tu avesti cantato	*vò atr' avessi cantà*	voi aveste cantato
lo avè cantà	colui ebbe cantato	*lóur aven cantà*	coloro ebbero cantato

Trapissà — (TRAPASSATO)

me aveva cantà	io aveva cantato	*nò aveven cantà*	noi avevamo cantato
t' avev cantà	tu avevi cantato	*vò atr' avevi cantà*	voi avevate cantato
l' aveva cantà	colui aveva cantato	*lóur aveven cantà*	coloro avevano cantato

Futur imperfèt — (FUTURO IMPERFETTO)

a cantarò	io canterò	*nò a cantarèin*	noi canteremo
t' cantarà	tu canterai	*vò atr' a cantarì*	voi canterete
al cantarà	colui canterà	*lóur cantaran*	coloro canteranno

Futur perfèt — (FUTURO PERFETTO)

Sing.		Plur.	
arò cantà	io avrò cantato	*arèin cantà*	noi avremo cantato
t' arà cantà	tu avrai cantato	*arì cantà*	voi avrete cantato
l' arà cantà	colui avrà cantato	*i aran cantà*	coloro avranno cantato

Imperativ — (IMPERATIVO)

Presèint — (PRESENTE)

canta te	canta tu	*cantèin nò*	cantiamo noi
ch' al canta lo	canta colui	*cantà vò ater*	cantate voi
		ch' i canten lóur	cantino coloro

Futur — (FUTURO)

t' cantarà	canterai tu	*a cantarèin nò*	canteremo noi
al cantarà	canterà colui	*a cantarì vo*	canterete voi
		i cantaràn lóur	canteranno coloro

Cundizional — (CONDIZIONALE)

Presèint — (PRESENTE)

a cantarè	io canterei	*a cantaren*	noi canteremmo
t' cantaress	tu canteresti	*a cantaressi*	voi cantereste
al cantarè	colui canterebbe	*i cantaren, o i cantareven*	coloro canterebbero

Passà — (PASSATO)

arè cantà	io avrei cantato	*nò aren cantà*	noi avremmo cantato
t' aress cantà	tu avresti cantato	*vò atr' aressi cantà*	voi avreste cantato
l' arè cantà	colui avrebbe cantato	*i aren cantà*	coloro avrebbero cantato

Utativ — (OTTATIVO)

Presèint — (PRESENTE)

ch' a cantass	ch' io cantassi	*ch' a cantassen*	che noi cantassimo
t' cantass	che tu cantassi	*ch' a cantassi*	che voi cantaste
ch' al cantass	che colui cantasse	*ch' i cantassen*	che coloro cantassero

Passà — (PASSATO)

ch' ava cantà	ch' io abbia cantato	*ch' avamen cantà*	che noi abbiamo cantato
ch' t' av cantà	che tu abbia cantato	*ch' avadi cantà*	che voi abbiate cantato
ch' l' ava cantà	che colui abbia cantato	*ch' i aven cantà*	che coloro abbiano cantato

Trapassà — (TRAPASSATO)

Sing. | | | Plur.

ch' avess	ch' io avessi	ch' nò avessen	che noi avessimo
ch' t' avess	che tu avessi	ch' vò atr' avessi	che voi aveste
ch' l' avess	che colui avesse	ch' lóur avessen	che coloro avessero

(with brace) *cantà* | (with brace) *cantato* | (with brace) *cantà* | (with brace) cantato

Futur — (FUTURO)

ch' a canta	ch' io canti	ch' nò a cantamen	che noi cantiamo
t' cant	tu canti	ch' vò atr' a cantadi	voi cantiate
ch' al cantu	colui canti	ch' lóur canten	coloro cantino

Il congiuntivo è eguale all' ottativo.

Infinit — (INFINITO)

Presente *Cantar* — Cantare
Participio passato *Cantà* — Cantato
Gerundio presente *Cantand* — Cantando
Passato *Avènd cantà* — Avendo cantato

CONIUGAZIÒN IN IR — CONIUGAZIONE IN IR

FINIR — (finire)

Indicativ — (INDICATIVO)

presèint — (PRESENTE)

Sing. | | | Plur.

a finess	io finisco	a finðin	noi finiamo
t' finess	tu finisci	a finì	voi finite
al finess	colui finisce	i finessen	coloro finiscono

Imperfèt — (IMPERFETTO)

a fineva	io finiva	a fineven	noi finivamo
t' finev	tu finivi	a finevi	voi finivate
al fineva	colui finiva	i fineven	coloro finivano

Passà rimot — (PASSATO REMOTO)

a finè	io finii	a finen	noi finimmo
t' finess	tu finisti	a finessi	voi finiste
al finè	colui finì	i finen	coloro finirono

Passà prossum — (PASSATO PROSSIMO)

ai ho finè	io ho finito	nò avèin finè	noi abbiamo finito
t' ha finè	tu hai finito	vò atr' avì finè	voi avete finito
l' ha finè	colui ha finito	lóur han finè	coloro hanno finito

Passà remot cumpost — (PASSATO REMOTO COMPOSTO)

Sing.		Plur.	
me avè finè	io ebbi finito	nò aven finè	noi avemmo finito
t' avess finè	tu avesti finito	vò atr' avessi finè	voi aveste finito
l' aveva finè	colui ebbe finito	lóur aven finè	coloro ebbero finito

Trapassà — (TRAPASSATO)

aveva finè	io aveva finito	nò aveven finè	noi avevamo finito
t' avev finè	tu avevi finito	vò atr' avevi finè	voi avevate finito
l' aveva finè	colui aveva finito	lóur aveven finè	coloro avevano finito

Futur (FUTURO)

me a finirò	io finirò	nò a finirèin	noi finiremo
t' finirà	tu finirai	vò atr' a finirì	voi finirete
al finirà	colui finirà	lóur finiran	coloro finiranno

Futur perfèt — (FUTURO PERFETTO)

arò finè	io avrò finito	nò arèin finè	noi avremo finito
t' arà finè	tu avrai finito	vò atr' arì finè	voi avrete finito
l' arà finè	colui avrà finito	lóur aran finè	coloro avranno finito

Imperativ — (IMPERATIVO)

presèint — (PRESENTE)

finess	finisci tu	finèin nò	finiamo noi
ch' al finessa	finisca colui	finì vò ater	finite voi
		ch' finessen lóur	finiscono coloro

Futur — (FUTURO)

t' finirà	finirai tu	a finirèin nò	finiremo noi
al finirà	finirà colui	a finirì vò ater	finirete voi
		i finiran lóur	finiranno coloro

Cundizional — (CONDIZIONALE)

presèint — (PRESENTE)

a finirè	io finirei	a finiren	noi finiremmo
t' finiress	tu finiresti	a finiressi	voi finireste
al finirè	colui finirebbe	i finiren	coloro finirebbero

Passà — (PASSATO)

me arè finè	io avrei finito	nò aren finè	noi avremmo finito
te t' aress finè	tu avresti finito	vò atr' aressi finè	voi avreste finito
l' arè finè	colui avrebbe finito	lóur aren finè	coloro avrebbero finito

(c

Utativ — (OTTATIVO)

presèint — (PRESENTE)

	Sing.			*Plur.*
ch' me finess	ch' io finissi	*ch' nò finessen*	che noi finissimo
ch' te t' finess	che tu finissi	*ch' vò atr' a finessi*	che voi finiste
ch' lo finess	che colui finisse	*ch' lóur finessen*	che coloro finissero

Passà — (PASSATO)

ch' ava finè	ch' io abbia finito	*ch' nò avamen finè*	che noi abbiamo finito
ch' t' av finè	che tu abbi finito	*ch' vò atr' avèdi finè*	che voi abbiate finito
ch' l' ava finè	che colui abbia finito	*ch' lóur aven finè*	che coloro abbiano finito

Trapassà — (TRAPASSATO)

ch' me avess finè	ch' io avessi finito	*ch' nò avessen finè*	che noi avessimo finito
ch' te t'avess finè	che tu avessi finito	*ch'vò atr'avessi finè*	che voi aveste finito
ch' l' avess finè	che colui avesse finito	*ch' lóur avessen finè*	che coloro avessero finito

Futur — (FUTURO)

ch' me finessa	ch' io finisca	*ch' a finamen*	che noi finiamo
ch' t' finess	che tu finisci	*ch' a finèdi*	che voi finiate
ch' al finessa	che colui finisca	*ch' i finessen*	che coloro finiscano

Cungiuntiv — (CONGIUNTIVO)

Presèint — (PRESENTE)

ch' me finess	ch' io finisca	*ch' nò finamen*	che noi finiamo
ch' t' finess	che tu finisci	*ch' vò atr' a finèdi*	che voi finiate
ch' al finessa	che colui finisca	*ch' lóur finessen*	che coloro finiscano

Imperfèt — (IMPERFETTO)

ch' a finess	ch' io finissi	*ch' nò finessen*	che noi finissimo
ch' t' finess	che tu finissi	*ch' vò atr' a finessi*	che voi finiste
ch' al finessa	che colui finisse	*ch' i finessen*	che coloro finissero

Infinit — (INFINITO)

Presèint, Finir — Finire
Partizepi passà, Finè — Finito
Gerondi presèint Finènd — Finendo
Gerondi passà, Avènd finè — Avendo finito

CONIUGAZIÒN IN **ER** — CONIUGAZIONE IN **RE**

VÈDER — (vedere)

Indicativ — (INDICATIVO)

Presèint — (PRESENTE)

Plur.		Sing.	
A vèd	io vedo	*a vdèin*	nọi vediamo
t' vèd	tu vedi	*a vdλ*	voi vedete
al vèd	colui vede	*i vèden*	coloro vedono

Imperfèt — (IMPERFETTO)

a vdeva	io vedeva	*a vdeven*	noi vedevamo
t' vdev	tu vedevi	*a vdevi*	voi vedevate
al vdeva	colui vedeva	*i vdeven*	coloro vedevano

Passà remot — (PASSATO REMOTO)

a vdè, o a vest	io vidi	*a vden, o a vesten*	noi vedemmo
t' vdèss	tu vedesti	*a vdessi*	voi vedeste
al vdè, o al vest	colui vide	*i vden, o i vesten*	coloro videro

Futur — (FUTURO)

a vdrò	io vedrò	*a vdrèin*	noi vedremo
t' vdrà	tu vedrai	*a vdrλ*	voi vedreste
al vdrà	colui vedrá	*i vdran*	coloro vedranno

Imperativ — (IMPERATIVO)

Presèint — (PRESENTE)

vèdet	vedi tu	*vdèin no*	vediamo noi
ch' al vèda	veda colui	*vdiv vo ater*	vedete voi
		chi vèden lóur	vedano coloro

Futur — (FUTURO)

t' vdrà	vedrai tu	*a vdrèin no*	vedremo noi
al vdrà	vedrà colui	*a vdrλ vo*	vedrete voi
		i vdran lóur	vedranno coloro

Cundizional — (condizionale)

Presèint — (presente)

	Sing.		Plur.
a vdre, o a vdrev	io vedrei	a vdren, o a vdreven	noi vedremmo
t' vdress	tu vedresti	a vdressi	voi vedreste
al vdre, o al vdrev	colui vedrebbe	i vdreven	coloro vedrebbero

Cungiuntiv — (congiuntivo)

presèint — (presente)

ch' a vèda	ch' io veda	ch' a vdamen	che noi vediamo
ch' t' vèd	che tu veda	ch' a vdèdi	che voi vediate
ch' al vèda	che colui veda	ch' i vèden	che coloro vedano

Imperfèt — (imperfetto)

ch' a vdess	ch' io vedessi	ch' a vdessen	che noi vedessimo
ch' t' vdess	che tu vedessi	ch' a vdessi	che voi vedeste
ch' al vdess	che colui vedesse	ch' i vdessen	che coloro vedessero

Infinit — (infinito)

Presèint, Vèder, o Vdèir, o Vèdri — Vedere
Partizepi passà, Vest; o vdò — Visto o Veduto
Gerondi presèint, Vdènd — Vedendo
Gerondi passà, Avènd vest — Avendo visto

CONIUGAZIÒN IN ÈIR — CONIUGAZIONE IN RE

VLÈIR — (volere)

Indicativ — (indicativo)

presèint — (presente)

	Sing.		Plur.
a voi	io voglio	a vlèin	noi vogliamo
t' vu	tu vuoi	a vlà	voi volete
al vol	colui vuole	i volen	coloro vogliono

Imperfèt — (imperfetto)

a vleva	io voleva	a vleven	noi volevamo
t' vlev	tu volevi	a vlevi	voi volevate
al vleva	colui voleva	i vleven	coloro volevano

Passà remot — (passato remoto)

a vols, o a vlè	io volli	a vlen, o a volsen	noi volemmo
t' vless	tu vollesti	a vlessi	voi voleste
al vlè	colui volle	i volsen, o i vlen	coloro vollero

Passà prossum — (PASSATO PROSSIMO)

Sing.   Plur.

aı ho vlò	io ho voluto	*no avèin vlò*	noi abbiamo voluto
t' ha vlò	tu hai voluto	*vo avi vlò*	voi avete voluto.
l' ha vlò	colui ha voluto	*lóur han vlò*	coloro hanno voluto

Futur — FUTURO)

a vrò	io vorrò	*a vrèin*	noi vorremo
t' vrà	tu vorrai	*a vrì*	voi vorrete
al vrà	colui vorrà	*i vran*	coloro vorranno

Imperativ — (IMPERATIVO)

presèint — (PRESENTE)

voi te	vuoi tu	*vlèin nò*	vogliamo noi
ch' al voia lo	voglia colui	*vla vò ater*	vogliate voi
		ch' i voien lóur	vogliano coloro

Cundizional — (CONDIZIONALE)

presèint — (PRESENTE)

a vre, o a vrev	io vorrei	*a vren*	noi vorremmo
t' vress	tu vorresti	*a vressi*	voi vorreste
al vre, o al vrev	colui vorrebbe	*i vreven, o i vren*	coloro vorrebbero

Cungiuntiv — (CONGIUNTIVO)

presèint — (PRESENTE)

ch' a voia	ch' io voglia	*ch' a vlamen*	che noi vogliamo
ch' t' voi	che tu voglia	*ch' a vlèdi*	che voi vogliate
ch' al voia	che colui voglia	*ch' i voien*	che coloro vogliano

Imperfèt — (IMPERFETTO)

ch' a vless	ch' io volessi	*ch' a vlessen*	che noi volessimo
ch' t' vless	che tu volessi	*ch' a vlessi*	che voi voleste
ch' al vless	che colui volesse	*ch' i vlessen*	che coloro volessero

Infinit — (INFINITO)

Presèint, Vlèir — Volere
Partizepi passà Vlò — Voluto
Gerondi presèint Vlènd — Volendo
Gerondi passà Avènd vlò — Avendo voluto

DE' VERBI IRREGOLARI

De' verbi irregolari noterò soltanto le voci che escono dalle regole ordinarie, e le diverse uscite che hanno.

ANDAR — (andare)

La prima persona del singolare dell'indicativo presente fa *A vad o a vagh*, io vado — Al passato remoto la prima persona singolare è *me andò, o andè* io andai — Così la prima e terza persona del plurale fa *nò andon, o anden*, noi andammo — *i andon, o anden*, coloro andarono — La prima persona singolare del congiuntivo è *ch' a vaga, o ch' a vada*, ch' io vada — La seconda fa *ch' t' vagh o ch' t' vad*, che tu vada — La terza fa *ch' al vada, o ch' al vaga*, che colui vada — La terza persona plurale fa *ch' i vaden, o ch' i vaghen*, che color vadano.

I verbi neutri passivi come *acorzers, amalars, pintirs, maraviars*, ecc. ital. accorgersi, ammalarsi, pentirsi; meravigliarsi; prendono avanti di sè le particelle mi, ti, ci, si e vi, che in bol. si tramutano in am, t', s', as, av, is, p. e. *am amal, t' amal, al s' amala*. Io mi ammalo, tu ti ammali, colui si ammala. *As amalèin, av amalà, is' amalen*. Noi ci ammaliamo, voi vi ammalate, coloro si ammalano.

DIR — (dire)

Indicativ — (INDICATIVO)

presèint — (PRESENTE)

Sing.		Plur.	
a degh	io dico	*a gèin*	noi diciamo
t' dì	tu dici	*a gì*	voi dite
al dis	colui dice	*i disen*	coloro dicono

Imperfèt — (IMPERFETTO)

a geva, o dseva	io diceva	*a geven*	noi dicevamo
t' gev	tu dicevi	*a gevi*	voi dicevate
al geva, o dseva	colui diceva	*i geven*	coloro dicevano

FAR — (fare)

Indicativ — (INDICATIVO)

presèint = (PRESENTE)

a faz, o a fagh	io faccio	*a fèin*	noi facciamo
t' fa	tu fai	*a fà*	voi fate
al fa	colui fa	*i fan*	coloro fanno

Murir, all' indicativo presente plurale fa *A murèin, A murì, I mòren*, noi moriamo, voi morite, coloro muoiono.

VGNIR — (venire)

Indicativ — (INDICATIVO)

presèint — (PRESENTE)

a vein, o a vegn	Io vengo	*a vgnèin*	noi veniamo
t' vein	tu vieni	*a vgnì*	voi venite
al vein	colui viene	*i veinen*	coloro vengono

passà remot — (PASSATO REMOTO)

a veins	io venni	*a vgnen, o a veinsen*	noi venimmo
t' vgness	tu venisti	*a vgnessi*	voi veniste
al veins	colui venne	*i vgnen, o i veinsen*	coloro vennero

Cap. XVI.

DEL PARTECIPIO

Come si vede dai verbi qui coniugati il participio presente non è usato in bolognese.

Il participio passato della coniugazione in *are*, come Amare, Cantare, che in italiano termina in *ato*, in bolognese finisce in *a*, come *stà*, stato, *magnà*, mangiato, *truvà*, trovato, *tucà*, toccato, ecc.

Il participio passato della coniugazione in *re*, che all' italiano termina in *so*, in bolognese prende *èis*, p. e. reso, *rèis*, speso, *spèis*, preteso, *pretèis*, ecc. E quello della stessa coniugazione che esce all' italiano in *uto*, in bolognese termina in *o*, come voluto, *vlò*, battuto, *batò*, bevuto, *bvò*, ecc.

Queste regole però non sono prive d' eccezioni, p. e. rimasto, fa *armas*, dipinto, fa *dpeint*, messo, fa *mess*, raccolto, fa *racolt*, ecc.

E altra volta il bolognese non fa che lasciare l' ultima vocale dell' italiano, p. e. morto, *mort*, aperto, *avert*, coperto, *quert*, ecc.

Cap. XVII.

DELL' AVVERBIO

Gli avverbi italiani sono adoperati quasi tutti in bolognese con solo ristringimento di pronunzia, come, *piz*, peggio, *mei*, meglio, *spèss*, spesso, *piò*, più, *manch*, meno, *adèss*, adesso, ecc.

Il dialetto ne ha de' propri: come *purassà*, molto, *incù*, oggi, *brisa*, no, *brisa brisa*, nulla affatto, *a tirundèla*, in abbondanza, a josa, *dlongh*, subito, *dassedèss*, a momenti, *in cost*, vicino, *oi si, oi oi*, si bene, *am par*, anzi si, *mega*, non mica, *acsè*, così, *a t' al degh*, si davvero, *piò prèst che d' frèzza*, subito, *a còfet*, a capò in giù, *adafat*, tutto senza scegliere, *a tersach*, precipitosamente. Quest' ultimo avverbio nel 1600, variava in *trasach*, ed il Vocabolista bolognese, scrittore di quel tempo, to-

glieva l' etimologia di questa voce da *trarre il sacco*, cioè cadere rovescio come fa il sacco quando si getta dalle spalle a terra. La voce moderna mi pare più brillante, *tersach*, a terra il sacco: e così, *cascar a tersach*, cadere precipitosamente.

Cap. XVIII.

DELLE PREPOSIZIONI

Da lato, fa *da là*, *da cónt*, da canto, *a frónt*, a fronte, *in cost*, vicino, *adoss*, addosso, *per d' fora*, di fuori, *a pèt*, a petto, *in t' la*, nella, *in fein*, fino, *in fenna*, infino, sino, *d' arpiat*, di nascosto.

———— ⋙◈⋘ ————